BEI GRIN MACHT SICH IHR WISSEN BEZAHLT

- Wir veröffentlichen Ihre Hausarbeit,
  Bachelor- und Masterarbeit

- Ihr eigenes eBook und Buch -
  weltweit in allen wichtigen Shops

- Verdienen Sie an jedem Verkauf

Jetzt bei www.GRIN.com hochladen und kostenlos publizieren

Veränderung von Sprache und Sprachgebrauch im Deutschen. Eine kritische Evaluierung

GRIN ☺

Bibliografische Information der Deutschen Nationalbibliothek:

Die Deutsche Nationalbibliothek verzeichnet diese Publikation in der Deutschen Nationalbibliografie; detaillierte bibliografische Daten sind im Internet über http://dnb.d-nb.de abrufbar.

ISBN: 9783389022276
Dieses Buch ist auch als E-Book erhältlich.

© GRIN Publishing GmbH
Trappentreustraße 1
80339 München

Druck und Bindung: Books on Demand GmbH, Norderstedt Germany
Gedruckt auf säurefreiem Papier aus verantwortungsvollen Quellen

Das vorliegende Werk wurde sorgfältig erarbeitet. Dennoch übernehmen Autoren und Verlag für die Richtigkeit von Angaben, Hinweisen, Links und Ratschlägen sowie eventuelle Druckfehler keine Haftung.

Das Buch bei GRIN: https://www.grin.com/document/1458197

Universität Siegen

Fakultät I

Modul: 4.2Exemplarische Themen aus Sprachstruktur und Sprachentwicklung

Seminar: Sprachliche Variation im Deutschen

Semester: WS 2018/2019

Abgabe: 30.06.2019

Eine kritische Evaluierung
der Veränderung von Sprache und Sprachgebrauch
im Deutschen

Studiengang: LA Bachelor GymGe

Fächer: Deutsch & Biologie

Fachsemester: 6.

INHALTSVERZEICHNIS

1. EINLEITUNG

Dass wir nicht mehr so sprechen wie im 19. Jahrhundert ist bekannt. Viele empfinden dies als Verlust der deutschen Kultur und sind empört darüber. Doch die Ursachen und Faktoren, die diesen stetigen Sprachwandel bedingen, belegen, dass ebendieser nicht willkürlich vonstattengeht.

In dieser Arbeit möchte ich die verschiedenen Gesichtspunkte des Sprachwandels genauer beleuchten und kritisch betrachten. Zuerst werden dafür die theoretischen Begrifflichkeiten erläutert. Beginnend mit einer Definition von Sprache und ihrer Entwicklung im deutschen Raum wird eine Grundlage für den Sprachbegriff geschaffen. Daraufhin werden die sprachlichen Varietäten kurz thematisiert. Es folgt eine Auseinandersetzung mit dem Begriff des Sprachwandels, welche die Zusammenhänge bezüglich Dimensionen, Faktoren und Ursachen verdeutlicht. Die Folgen und Auswirkungen werden ebenfalls erläutert. Den Kern meiner Arbeit bildet eine genauere Betrachtung dieser Zusammenhänge und einer kritischen Auseinandersetzung mit ihnen. Hierfür wird den Dimensionen und Ursachen genauer auf den Grund gegangen.

2. SPRACHE

Bevor man sich der Veränderung von Sprache und den Ursachen dafür widmet, sollte man zu allererst die Begrifflichkeit der Sprache klären. Was ist Sprache überhaupt? Laut Köhler (1992: 321) ist Sprache:

> „ein System von Zeichen und Regeln über die Verbindung von Zeichen, das dem Menschen zur Verständigung dient. Es ist zu unterscheiden zwischen verschiedenen Sprachformen: z.B. gesprochene Sprache, Körper-Sprache und Schrift-Sprache. Sprache ist zum einen ein Werkzeug (organon) zur Produktion von Kultur, ist aber andererseits auch gleichzeitig das Ergebnis des kultur-konstituierenden Austausches von Menschen. Die Grundfunktionen der Sprache sind nach Karl Bühler: Gedanken und Empfindungen auszudrücken (Ausdrucksfunktion), Sachverhalte und Dinge zu beschreiben (Darstellungsfunktion) und das Verhalten des Interaktionspartners zu beeinflussen (Appellfunktion)."

Klein (vgl. 2017: 1f.) wiederum sagt, dass Sprache auf drei verschiedene Weisen verstanden werden kann. Zum einem als Sprachsystem welches ein komplexes System von Ausdrücken beschreibt. Zum anderen als Sprachfähigkeit, die uns angeboren ist und die wir entwickeln müssen. Und schließlich als Sprachgebrauch, der tatsächlich in einer konkreten Situation Anwendung findet. Dieser Sprachgebrauch vollzieht sich innerhalb einer Sprachgemeinschaft und unter den Angehörigen selbst und lässt sich wiederum in Lexik, Grammatik und Ausdruck unterscheiden.

Beide Äußerungen verdeutlichen, dass jeder Mensch zwangsläufig Sprache verwendet. Denn alles Denken ist Sprache. Nichts ist ohne Sprache denkbar und ohne Denken gibt es keine Sprache (vgl. Dörner 1998: 41). Sprache ist demnach an ihre Sprecher gebunden und ein homogenes System, das von vielen verschiedenen Faktoren beeinflusst wird. Sprache ist ein kulturell und gesellschaftlich determinierendes Sprachsystem, das ihre Sprecher miteinander verbindet und so eine eigene Sprache schafft (beispielsweise die deutsche Sprache). So kommt es letztendlich zu unterschiedlichen Wortschätzen, Grammatikregeln und Schriftsystemen in den Sprachen.

2.1.ENTWICKLUNG DER DEUTSCHEN SPRACHE

Um eine Veränderung der Sprache feststellen zu können, muss diese zu verschiedenen Zeitpunkten betrachtet werden. Hierzu ist es nötig, den Ursprung der deutschen Sprache zu kennen. Das Deutsche gehört den indoeuropäischen Sprachfamilien an. Dort lässt es sich dem germanischen Sprachzweig und fortführend dem Westgermanischem zuordnen. Seit dem 8. Jahrhundert nach Christus sind deutsche Dialekte bekannt. Sie waren regional gebundene Sprachformen, die bis dahin noch nicht durch eine Einheitssprache als vereint galten. Erst seit dem 16. Jahrhundert entwickelte sich aus den hoch- und ostmittelhochdeutschen Dialekten „Deutsch" als überregionale Verkehrssprache. Um terminologische Unklarheiten zu vermeiden wird diese Verkehrssprache folgend als Standarddeutsch beschrieben (vgl. Vogel 2012: 12). Doch eine einheitlich festgesetzte Sprache bedeutet nicht, dass diese fortan unverändert bleibt. Im Gegenteil: Die Übernahme anderssprachiger Begriffe sowie neuer Rechtschreib- und Grammatikregeln haben die deutsche Sprache und ihren Gebrauch konstant verändert.

2.2VARIETÄTEN VON SPRACHE

Unterschiede sind nicht nur von (Landes-)Sprache zu (Landes-)Sprache gegeben. Auch innerhalb der Sprecher einer Sprachgemeinschaft gibt es Abweichungen im Sprachsystem. Diese Abweichungen werden auch Varietäten genannt und entwickeln sich, wenn Sprachgemeinschaften größer, mobiler und differenzierter werden. Dies führt schließlich dazu, dass sie Veränderungen im Sprachsystem anstoßen. Beispielhaft sind hier Jugendsprache, Migrantensprache oder die gesprochene Sprache zu nennen. Varietäten einer Sprache bilden einen Varietätenraum, der in vier außersprachliche Dimensionen unterteilt werden kann. Diatopisch (nach Ort), diastratisch (nach sozialer Gruppe), diaphasisch (nach Verwendungs-/Redesituation) oder diachron (nach Zeit) (vgl. Klein 2017: 22ff.).

3.SPRACHWANDEL

Sprache und Sprachwandel sind zwangsläufig miteinander verknüpft. Sprache dient in jeder Hinsicht unserem Zweck und da dieser immer ein anderer ist, muss sich unsere Sprache ebenfalls immer wieder anpassen und verändern. Zuerst ist zu klären, was ein Wandel ist und wie er sich vollzieht. Ein Wandel lässt sich mithilfe von drei Parametern beschreiben. Der Ausgangszustand, die zeitliche Dimension und der Endzustand, der sich ganz klar von dem Ausgangszustand unterscheiden lässt. Allerdings hängt es von dem Zeitpunkt der Betrachtung ab, ob man etwas als Wandel interpretiert oder nicht. Darüber hinaus darf nicht vergessen werden, dass die Menschen selbst einen Wandel auslösen. Phänomene sind allein nicht dazu in der Lage (vgl. Bechmann 2016: 61ff.).

Untersucht man den Wandel als Vorgang an sich, so durchläuft eine Sprache vier Phasen bis man von einem vollendeten Sprachwandel sprechen kann. Den Anfang macht die Initialphase, in welcher eine Neuerung auftritt. Hierauf folgt die Diffusions- oder Verbreitungsphase. Hierbei wird die Neuerung verbreitet bis sie sich in der Approbationsphase mehr und mehr durchsetzt. Dabei besteht die Möglichkeit, dass eine bereits bestehende Sprachform zurückgedrängt wird. In der vierten und letzten Phase, namentlich Normierung, ist die Neuerung zu Norm geworden. Nun ist der Sprachwandel vollzogen und beendet (vgl. Bechmann 2016: 68ff.). Einschränkend zu erwähnen ist jedoch, dass sich immer nur einzelne Elemente einer Sprache ändern und nie das ganze System.

Bei dieser Betrachtung des Sprachwandels gibt es zwei unterschiedliche Perspektiven, die man einnehmen kann. Einerseits kann man den Sprachzustand zu einem bestimmten Zeitpunkt in der Vergangenheit auswählen und die damaligen Bedingungen mit den heutigen vergleichen. Dies würde man eine diachrone Betrachtung nennen. Andererseits besteht die Möglichkeit einen Sprachzustand, ohne ebendiese äußeren Bedingungen zu analysieren. In diesem Fall würde es sich um eine synchrone Betrachtung handeln (vgl. Bechmann 2016: 70).

Des Weiteren findet ein Sprachwandel laut Bechmann parallel in vier verschiedenen Dimensionen statt, beginnend mit der Dimension der Sprachgeschichte und des Sprachsystems. Diese beinhaltet die verschiedenen Sprachauffassungen und die Verwandtschaften von Sprachen. In der Dimension der Lexik und Grammatik werden Wortschatz, Syntax, Orthografie und Wortbildungsprozesse aufgeführt. Hier spielen lexikalische Einheiten und Regeln eine wichtige Rolle. Sprachliche Fehler lassen sich hier ebenfalls zuordnen. Die nächste Dimension ist die der Pragmatik. Dort finden wir weitere sprachliche Regeln, sowie Handlungsmaximen. Diese Handlungsmaximen des Sprachbenutzers können wiederum durch vier verschiedene Faktoren beeinflusst werden, was Letzen Endes einen Sprachwandel anstoßen kann. Diese Faktoren sind Ökonomie (im Sinne der Kosten-Nutzen-Rechnung), Innovation (Kreativität), Variation (Anpassung an Kommunikationsbedarf) und Evolution (Anpassung an gesellschaftliche Kräfte). Schließlich haben wir die Dimension der Semantik, die Metaphern, Bedeutungsauffassungen und Sinnverschiebungen umfasst (Bechmann 2016: 69).

3.1 URSACHEN DES SPRACHWANDELS

Generell lässt sich sagen, dass eine Veränderung der Sprache nur dann stattfindet, wenn eine alternative Sprachverwendung für einen Großteil von Individuen einen Vorteil bringt (vgl. Bechmann, 2016: 105). Geht man im Weiteren davon, dass „Verstanden werden" die menschliche Hypermaxime bildet, so gibt es vier Determinanten, die die Handlungsmöglichkeiten bezüglich der Sprachverwendung beeinflussen. Das soziale System, die Kognition, die Biologie sowie die Kreativität (vgl. Bechmann 2016: 107). Im Folgenden werden diese Determinanten genauer erläutert.

3.1.1 SOZIALES SYSTEM

Sprache ist ein ausschließlich soziales System, das wiederum soziokulturellen Einflussfaktoren unterliegt. Diese sind „[...] Fortschritt, Adaption (Anpassung an Umwelteinflüsse), Diffusion und Akkulturation (Übernahme und Anpassung aus/an fremde/n Kulturen) sowie Invention (Erfindung oder Einführung neuer Prinzipien, Werkzeuge oder Bräuche) [...]" (Bechmann 2016: 66). Diese Faktoren beeinflussen unsere Kultur und somit unsere Sprache, da die sich immer an die Sprecher anpasst, der sich wiederum der Kultur anpasst. Die Interaktion mit anderen Sprechern schafft Raum dafür, die sprachlichen Gewohnheiten des Gegenübers kennenzulernen und gegebenenfalls zu adaptieren. Gerade in diesem zwischenmenschlichen Kontakt wird das enge Verhältnis von Kultur- und Sprachwandel besonders deutlich. Diese gesellschaftlichen oder kulturellen Bedingungen sind wiederum in Soziale Kommunikationsbedürfnisse, Sprachkontakt, technische, politische, gesellschaftliche oder religiöse Veränderungen unterteilen. Als weitere Beispiele hierfür wären das Erscheinen oder Verschwinden von Tätigkeiten oder eine erfolgte Urbanisierung zu nennen (vgl. Bechmann 2016: 109ff.).

3.1.2 KOGNITION

Unsere kognitiven Wissensbestände sind in unserem Gehirn gespeichert und werden entweder bewusst oder unbewusst abgerufen. Ebenso bewusst oder unbewusst können diese Wissensstrukturen verändert werden. Dies geschieht zumeist aufgrund von Regelübertragungen und Regelerweiterungen, Re-Analysen und assoziativen Verfahren. So werden grammatische Regeln beispielsweise analog und eigentlich fehlerhaft angewandt aber dennoch letztlich konventionalisiert. Solche Regelverletzungen etablieren sich und haben schlussendlich einen Wandel der Sprache zur Folge (vgl. Bechmann 2016: 117f.).

3.1.3 BIOLOGIE

Das biologisch-physiologische Phänomen betrachtet den menschlichen Sprechapparat zur Hervorbringung von Lauten als Determinante. Da dieses Phänomen allerdings der Evolution unterliegt, stellt es eine äußerst langwierige Determinante dar. Die Folge dieses Wandels wäre eine lautliche Veränderung, die allerdings nur einen Sinn hätte, wenn es eine Energieersparnis bedingt. Dennoch ist ein Anpassungsprozess durch soziale Einflüsse möglich (vgl. Bechmann 2016: 119 f.). Beispielhaft zu nennen wäre hier das englische -th-, das Menschen bei ausreichender Konfrontation ohne Mühe aussprechen können.

3.1.4 KREATIVITÄT

Sein Sprachsystem allein zu ändern ist kaum möglich, da Gleichgesinnte von Nöten sind, um eine neue Sprechweise zu präsentieren und zu erweitern. Bedingungen für einen kreativen Sprachwandel sind kreatives Spiel mit Sprache, Sprachnormierungen, Sprachpflege sowie Euphemismen und Metaphern. Beispielhaft hierfür sind Poesie oder Werbung. Allerdings ist diese bewusste Einflussnahme auf die Sprache an den jeweiligen sozialen Kontext und die sozialen Bedingungen gebunden. Zudem spielt die Spracharbeit eine wichtige Rolle. Darunter fallen zum Beispiel die Orthografiereformen oder Eindeutschungen zahlreicher Fremdwörter. Bedingungen für das Gelingen von Spracharbeit sind die Erfindung des Buchdrucks, eine notwendige Popularität des Autors, ein Mangel an Alternativen sowie die Akzeptanz gegenüber einer Neuerung (vgl. Bechmann 2016: 121 f.).

3.2 FOLGEN

Neuer Sprachgebrauch wird in erster Linie als fehlerhaft angesehen, bis diese Veränderungen schließlich als neue Regeln manifestiert sind. Bechmann (2016: 127) beschreibt diese „Konventionalisierung" als „Verstetigung einer Abweichung oder Neuerung". Damit nennt er eine der wesentlichen Folge des Sprachwandels. Allerdings ist nicht jede dieser Änderungen durchsetzungsfähig. Oftmals sind sie im Sprachsystem nur temporäre Sprachwandel-Effekte und somit nicht von Dauer.

Eine weitere Folge von Sprachwandel ist, dass dieser „in aller Regel zum Schwund von grammatischer Komplexität und zu einem Verlust von grammatischem Reichtum" führt (Bechmann 2016: 132). Dennoch kann häufig auch von einer Bereicherung des sprachlichen Repertoires ausgegangen werden. Betrachtet man, dass wenn man über Dinge mit zunehmender Häufigkeit spricht, auch eine differenziertere und vielfältigere Sprache von Nöten ist, so erscheint dies als logische daraus resultierende Konsequenz.

4. KRITISCHE BETRACHTUNG

Sprache unterliegt verschiedenen Dimensionen, Ursachen und Einflussfaktoren. Der theoretische Hintergrund und ein Zusammenhang dieser Begrifflichkeiten wurden unter den vorherigen Punkten thematisiert. Im Weiteren folgt nun eine kritische Erläuterung dieser Termini.

4.1 KRITISCHE BETRACHTUNG DER DIMENSIONEN

Sprachwandel findet in vier Dimensionen statt. Die Dimension der Sprachgeschichte und des Sprachsystems lässt auf den ersten Blick erkennen, dass Sprache sich seit Beginn ihrer Entstehung wandelt. Man geht davon aus, dass sich die deutsche Sprache ab dem achten Jahrhundert zu entwickeln begann. Damals existierten allerdings noch viele verschiedene Dialekte, die gesprochen wurden und keine einheitliche deutsche Sprache. Anhand von flexionsmorphologischen und lexikalischen Phänomenen konnten hier aber ähnliche Sprachsysteme festgestellt werden, die letztendlich auch eine Verwandtschaft dieser belegte (vgl. Polenz, 2009: 1). Nachdem diese im 16. Jahrhundert zu einem Standard-Deutsch vereint wurden, veränderte sich die Sprache dennoch stark weiter. Die Frage ist nun, ob ein geschichtlicher und kultureller Wandel unserer Gesellschaft auch einen Wandel unserer Sprache bedingt. Dies kann letztlich bejaht werden, denn Sprache und Worte, die heutzutage Verwendung finden, wären zu damaligen Zeiten überflüssig gewesen. Zudem hat sich die Bedeutung menschlicher Sprache als Werkzeug gänzlich geändert, da sich diese über ihren Gebrauch entwickelt. Sprachliches Handeln findet zeitgleich außersprachlich statt und wird somit zu einem Werkzeug sozialer Interaktion. Da ein Unterschied sozialer Interaktion zwischen dem 16. Jahrhundert und heute klar feststellbar ist, ist eine Änderung der Sprache nur naheliegend. Anders formuliert: Die Veränderungen der Sprechenden führen auch zu einer veränderten Sprache.

Bezüglich der Dimension von Lexik und Grammatik konnte bereits festgestellt werden, dass sich sprachliche Einheiten erst dann verändern, wenn eine andere Formulierung einen Vorteil bringt. So setzt sich beispielsweise die Formulierung *„im Herbst diesen Jahres"* immer mehr durch, obwohl *„im Herbst dieses Jahres"* die korrekte Form wäre. Dies ist das Ergebnis einer Analogie, die sich ausbreitet, weil entsprechend hierzu *„letzten"*, *„vorigen"* und *„nächsten (Jahres)"* die Regel bilden. So wird das Demonstrativpronomen ebenfalls wie das Adjektiv flektiert, indem eine Regel auf eine ähnliche Einheit übertragen wird, da diese einen besseren Nutzen zu haben scheint. Solche Beispiele gibt es zu genüge. Es müssen nur genügend Sprecher diese Änderung als sinnvoll erachten und selbst weiterverwenden, damit aus einem anfänglichen Regelverstoß eine neue Regel wird. Fraglich ist, wieso man sich gegen solch eine Veränderung stellen sollte, wenn doch eine Mehrheit offensichtlich einen Nutzen darin erkennt. Im Sinne der menschlichen Handlungsmaxime „Verstanden zu werden", wäre die Beibehaltung solcher Regeln vermutlich nicht förderlich.

Die Dimension der Semantik beinhaltet unter anderem Bedeutungsauffassungen, Gebrauchsregeln und Sinnverschiebungen. Ein Bedeutungswandel geschieht meist unauffällig und wird eher selten als klarer Regelbruch wahrgenommen. Der Grund für die Veränderung einer Bedeutung liegt darin, dass viele Menschen einem Wort eine bessere Bedeutung zusprechen, was wiederum zu einer regelkonformen Verwendungsweise führt. So kommt es zu einer Veränderung des Wortgebrauchs durch die Veränderung der Bedeutung des Wortes. Nach Bechmann (2016: 186) werden diese Gebrauchsregeln immer den Umständen und außersprachlichen Parametern einer Gesellschaft unterliegen. Änderungen dieser Art sind immer durch zweckrationale Erwägungen begründet. Fraglich ist demnach auch hier wieder, welche Gründe dagegensprechen, einem Wort einen anderen Sinn zuzuschreiben. Einerseits besteht natürlich die Möglichkeit, dass für einen Menschen die neue Bedeutung keinen Sinn ergibt. Als Beispiel hierfür kann das Wort *geil* dienen. Als es sich der Generation der Jahrtausender als ein Ausruf von Begeisterung etablierte, empörte sich ältere Generation, da dieses Wort mit sexueller Erregung in Verbindung brachte. Doch je mehr Menschen es benutzen und akzeptierten, desto mehr entwickelt sich der Prozess des Bedeutungswandels, der ein Umlernen beinhaltet. Und auch hier ist der Grund unseres

Sprechens „Verstanden zu werden". Selbst wenn man in der Lage dazu ist alle sprachlichen Regeln beizubehalten, wird es immer schwieriger werden sich zu verständigen. Folglich würde man es sich und seinen Sprechpartnern sehr schwer machen zu kommunizieren, vor allem wenn mit den gleichen Wörtern verschiedene Dinge gemeint sind.

Schlussendlich ist noch die Dimension der Pragmatik zu betrachten, welche sich mit sprachlichen Regeln, Beeinflussungsfunktionen und Handlungsmaximen befasst. Wie weiter oben bereits erwähnt, werden diese Handlungsmaximen durch bestimmte Sprachwandelfaktoren beeinflusst.

Der Faktor Ökonomie beschreibt eine „Kosten-Nutzen-Rechnung" die für den Sprecher erfüllt sein muss. Wie bereits erwähnt, setzen sich Veränderungen der Sprache nur dann durch den Sprecher durch, wenn dieser Vorteile darin erkennt sie zu nutzen. Hauptsächlich geht es darum, Sprache so reduziert zu verwenden, dass sie möglichst viel Zeit und Artikulationsaufwand erspart. So lassen sich relativ kurze Wörter wie „der", „ein", und „es" besonders häufig in unserer Sprache wiederfinden. Es ist logisch nachvollziehbar, dass sich im Allgemeinen niemand so langwierig und kompliziert wie möglich ausdrücken möchte, wenn auch eine leichtere Möglichkeit der Sprachformulierung besteht.

Der Faktor Innovation beschreibt das Einführen von Neuerungen aufgrund von nicht ausreichender Sprache. Als Beispiel hierfür sind technische Neuheiten zu nennen, wie ein Computer, der eine ebenso neue Bezeichnung benötigt. Dieser Faktor dürfte wohl selbst den härtesten Kritikern von einer Veränderung in der Sprache als sinnig erscheinen.

Der Faktor Evolution bezeichnet Veränderungen aufgrund evolutionärer Bewegungen. Oftmals ist es seitens der Sprecher gar nicht beabsichtigt auf Sprache einzuwirken. Ein Beispiel hierfür sind Übersetzungen aus dem Hochdeutschen ins Niederdeutsche, die das Niederdeutsche abwerteten, obwohl es dadurch gefördert werden sollte (vgl. Polenz 1991: 71f.).

Letzten Endes beeinflusst der Faktor Variation den Sprachwandel in der Dimension der Pragmatik, durch eine flexible Anpassung der Handlungsmaximen an den Kommunikationsbedarf (vgl. Bechmann: 2016: 72). Der Sprecher kann individuell entscheiden welche sprachlichen Mittel er für seine Zwecke verwenden wird. Geprägt sind diese durch die unter Punkt 2.2 aufgeführten Varietäten von Sprache.

Ort, soziale Gruppe, Zeit und Redesituation nehmen Einfluss auf die Sprache. Beispielhaft zu nennen sind hierbei Jugendsprache, Migrantensprache oder gesprochene Sprache. All diese Sprachenarten hängen von den Varietäten ab. Oftmals stehen diese

Sprachen in der Kritik, wenn es um Veränderungen des Sprachgebrauchs geht. Allerdings sind diese Varietäten sinnig, wenn es darum geht sich auf einer bestimmten Ebene zu unterhalten. Wenn man Internetsprache in einem Telefongespräch verwenden würde, so würde dies die Kommunikation wohl erheblich erschweren. Dafür haben die Abkürzungen der Internetsprache ebendiese schnell, kreativ und funktionell gemacht. *G8* (Abk. für „Gute Nacht") würde in einem Gespräch zwischen zwei Menschen, die sich unterhalten wohl eher zu Verständnisschwierigkeiten führen, insbesondere wenn einer dieser Personen die Internetsprache nicht geläufig ist. Natürlich ist es völlig in Ordnung seine Sprache seinem Gesprächspartner anzupassen. Mit seinem Chef spricht man in der Regel nach gesellschaftlichen Konventionalisierungen, welche bei Gesprächen mit Familien oder Freunden nicht nötig, wenn nicht sogar hinderlich sind. Auch hier ist wieder die Frage, inwiefern die Sprechweise einen Vorteil oder eben Nachteil verschafft.

4.2 KRITISCHE BETRACHTUNG DER URSACHEN

Beginnen wir mit der Betrachtung des sozialen Systems als Ursache von Sprachwandel. Wie unter 3.1.1 erwähnt, ist Sprache ein ausschließlich soziales System, das durch verschiedene Einflussfaktoren soziale Konventionen bildet, die Menschen wiederum im Sprechen beeinflussen. Ein Mensch verfolgt stetig das Ziel „Verstanden zu werden" und je nach Situation müssen er oder sie sein Sprechen diesen sozialen Konventionen anpassen. Demnach sind die Gründe, aus denen gesprochen wird in erster Linie irrelevant. Der Mensch passt sich den jeweiligen Situationen an und aufgrund dieser Interaktion entsteht Raum dafür, andere sprachliche Einheiten zu übernehmen. So kann durch den Kontakt von Sprechern die Möglichkeit zur Übernahme neuer sprachlicher Varietäten des anderen entstehen. Oft möchten wir selbst zu sozialen Gruppen dazu gehören und passen unsere Sprache deshalb (un-)bewusst an (vgl. Bechmann 2016: 109). Menschen nutzen Sprache, um ein bestimmtes Bild von sich zu transportieren und zu realisieren. Deshalb setzen sich beispielsweise englische Begriffe gegen deutsche durch, obwohl sie das gleiche bezeichnen. Man möchte ein bestimmtes Image nutzen und sich sprachlich an sein Umfeld anpassen. Es ist natürlich jedem selbst überlassen, ob er die neuen Gebräuche (die vielleicht später konventionell werden) nutzen wird. Geht man allerdings davon aus, dass der Mensch ein soziales Wesen ist, welches zu einer Gruppe gehören und akzeptiert werden möchte, so liegt es nahe sich ihrer Sprache einer Sprachgemeinschaft anzupassen, um auch ein Mitglied dieser zu sein.

Weiterhin bemerken Sprachkritiker oft, dass sich durch das „Dazugehören wollen" Anglizismen in der Gesellschaft durchsetzen, scheinen aber außer Acht zu lassen, dass einige unserer Wörter, bei denen man es wohl nicht vermuten würde, Anglizismen sind. Beispielsweise sind hier „*Keks*" und „*Balkon*" zu nennen. Ein weiterer wichtiger Punkt, der dem sozialen System unterliegt, ist der kulturelle Wandel. Die Veränderung unserer Kultur bedingt auch zwangsläufig die Veränderung unserer Sprache. Allein im Rahmen der Digitalisierung und des technischen Fortschrittes waren in den letzten fünfzig Jahren eine Reihe an neuen Bezeichnungen erforderlich. Im Gegensatz dazu gibt es allerdings auch einige Dinge, welche verschwinden, und somit der Gebrauch dieses Wortes. Betrachtet man unsere Gesellschaft der letzten fünf Jahre, so haben Asylkrisen und politische Wahlen ebenfalls Einfluss auf die deutsche Sprache genommen. Themen, die in diesem Land in den Fokus rücken, gelangen zu einer bestimmten Popularität und mit ihnen ihre sprachlichen Besonderheiten.

Kognition als Ursache für den Sprachwandel sorgt dafür, dass wir aufgrund bisher gelernter kognitiver Muster sprechen. Diese kognitiven Wissensbestände müssen von klein auf mit Hilfe von Sprachbildungsmustern erlernt werden. Dieses Wissen wird zum Großteil intuitiv abgerufen. Genauso intuitiv werden allerdings auch Regeln übertragen, die eigentlich sprachliche Fehler sind. Ein sprachlicher Fehler wäre beispielsweise solch eine fehlerhafte Analogiebildung, wie sie in der Dimension von Lexik und Grammatik in dem Kapitel 4.1 wiederzufinden ist. Wie aber an dieser Stelle bereits erwähnt, entwickelt sich ein Regelverstoß, der nur oft genug Anwendung bei Sprechern findet, oftmals selbst zu einer neuen Regel. Dies lässt darauf schließen, dass eine Sprachgemeinschaft sich mehr oder weniger auf diese unausgesprochene Regel einigt. Wichtig hierbei ist, dass solch ein „Regelbruch" gar nicht erst so häufig benutzt werden würde, wenn die Sprecher nicht einen offensichtlichen Vorteil darin erkennen würden. Relevant ist demnach, dass, sobald genügend Menschen diesen Regelbruch dauerhaft anwenden, Mitglieder einer Sprachgemeinschaft es sich selbst unnötig schwierig machen die alte Regel beizubehalten, denn sobald die Regelerneuerung bei den meisten Sprechern etabliert ist, scheint die alte Regel falsch zu sein. Dies führt letzten Endes dazu, dass man mit der alten Regel in der Minderheit ist und in den Augen der Mehrheit falsch Deutsch spricht.

Den Sprachwandel durch die Ursache des biologischen Faktors zu kritisieren, erscheint mir jedoch als recht schwierig. Die Rede ist hier von ausschließlich lautlichen Veränderungen. Natürlich ist unsere Artikulation von Lauten durch unsere physiologische Ausstattung begrenzt. Und gerade deswegen scheint es nur logisch, dass sich Worte dahingehend verändern, dass wir sie besser aussprechen können. Es ist nicht im Sinne menschlicher Natur die lautliche Sprache unnötig kompliziert zu gestalten. Die

Kosten-Nutzen-Rechnung (Faktor Ökonomie) untermauert den Sinn phonologisch schwieriger Wörter.

Abschließend betrachten wir Kreativität als Ursache für unseren Sprachwandel. Da Kreativität einen Sprachwandel nur durch die Mitwirkung von Gleichgesinnten vollzieht, die die neue Sprechweise akzeptieren und weiterverbreiten, scheint der Faktor einer Mehrheit auch hier maßgebend zu sein. Denn je mehr Menschen Gefallen an dieser innovativen und sprachlichen Neuerung finden, desto mehr verbreitet sich diese und desto mehr Menschen nutzen sie wiederum. Da hierfür eine hohe Anzahl von Menschen erreicht werden muss, spielt die Art und Weise der Vermittlung eine wichtige Rolle: Was früher Bücher waren, sind heute elektronische Medien. Im Rahmen der Digitalisierung breiten sich besonders sprachliche Neuerungen schnell aus. Einschränkend zu erwähnen ist jedoch, dass diese auch umso schneller wieder verschwinden. Ein gutes Beispiel stellt hierbei das „Wort des Jahres" dar, welches zumeist nicht von Dauer im allgemeinen Sprachgebrauch zu finden ist.

5.FAZIT

Vieles von dem was Menschen sagen sprechen sie aus, ohne darüber nachzudenken. Sie unterhalten sich intuitiv und halten sich zumeist an die konventionellen Bedingungen, die jede Redesituation mit sich bringt. Die Veränderungen sprachlicher Einheiten vollzieht sich nicht über Nacht. Es ist ein schleichender Prozess, in dem eine Neuerung auftritt und sich verbreitet, bis sie schließlich zur Norm wird. Dies mag mit einem bewussten oder unbewussten Regelverstoß beginnen, doch etabliert sich eine Neuerung erst, wenn die Mehrheit der Sprecher einen Nutzen darin erkennt. Dieser Nutzen ist durch die Handlungsmaxime des „Verstanden werden" geprägt, die wiederum durch Faktoren wie das soziale System, Kognition und weitere beeinflusst wird.

In der vorliegenden Arbeit wurden die Dimensionen, Faktoren und Ursachen, die einen Sprachwandel bedingen, beleuchtet. Fakt ist, dass Sprache von allen Sprechenden beeinflusst wird und diese gleichzeitig auch beeinflusst, so dass ein reziproker Effekt entsteht. Gleichzeitig werden Menschen von vielen anderen Dingen beeinflusst, die wiederum Auswirkungen auf ihre Sprache haben. Das Feld des Sprachwandels ist demnach äußerst komplex und hängt von vielerlei Faktoren ab.

Die normative Dimension des Sprachwandels, also die Frage nach einer positiven oder negativen Sicht, lässt sich hingegen tendenziell leicht beantworten: Solange eine Mehrheit der Sprecher einen Nutzen darin erkennt Neuerungen anzuwenden und sie zu etablieren, sind keine negativen Aspekte erkennbar. Sprache ist immer Ausdruck von

Kulturen, welche einem konstanten Wandel unterliegen. Hieraus folgend kann ein statischer Blick auf Sprachsysteme niemals der richtige sein Eine Verweigerung gegenüber diesem konstanten Wandel entspricht nicht der Prozesshaftigkeit menschlicher Realität und sorgt letztlich für eine Erschwerung der Kommunikation für einen selbst und seinem Gegenüber. Der Umgang mit Sprache ist immer lockerer geworden. Diese sprachliche Kreativität führt zu einer Bereicherung und Vielfalt, die unter anderem eben auch kulturelle Gruppierungen prägt. Alles in allem kann man sagen, dass Sprache von sehr vielen Einflüssen abhängt. Sie geht mit der Zeit, so wie es die Menschen ebenfalls tun.

LITERATURVERZEICHNIS

Bechmann, Sascha (2016): Sprachwandel – Bedeutungswandel. Tübingen.

Dörner, Dietrich (1998): „Sprache und Denken". In: Bungard, Walter (Hg.): Mannheimer Beiträge zur Wirtschafts und Organisationspsychologie. Mannheim.

Klein, Wolfgang (2017): Die Vielfalt der deutschen Sprache. In: Deutsche Akademie für Sprache und Dichtung/Union der deutschen Akademien der Wissenschaften (Hg.): Vielfalt und Einheit der deutschen Sprache: zweiter Bericht zur Lage der deutschen Sprache. Tübingen.

Köhler, Gabriele (1992): Sprache. In: Schäfers, Bernhard (Hg.): Grundbegriffe der Soziologie. Wiesbaden, S.123-123.

Polenz, Peter von (1991): Deutsche Sprachgeschichte vom Spätmittelalter bis zur Gegenwart. Band I. Einführung, Grundbegriffe, Deutsch in der frühbürgerlichen Zeit. Berlin.

Polenz, Peter und Wolf, Norbert Richard (2009): Geschichte der deutschen Sprache. Berlin.

Vogel, Maria Petra (2012): Sprachgeschichte. Heidelberg.

BEI GRIN MACHT SICH IHR
WISSEN BEZAHLT

- Wir veröffentlichen Ihre Hausarbeit,
  Bachelor- und Masterarbeit

- Ihr eigenes eBook und Buch -
  weltweit in allen wichtigen Shops

- Verdienen Sie an jedem Verkauf

Jetzt bei www.GRIN.com hochladen
und kostenlos publizieren